DIE KUNST DER SPRACHGESTALTUNG
IM ATEMRAUM DER ZEIT

Christa Slezak-Schindler

DIE KUNST DER SPRACHGESTALTUNG IM ATEMRAUM DER ZEIT

Marie Steiner Verlag

*ARCHITEKTURMODELL VON HELMUTH LUDWIG LAUER,[1] CA. 1970:
HAUS ROSENHALDE,[2] HEUTE HAUS DER SPRACHE*

1978 bis 2011
33 Jahre Institut für Sprachgestaltung

2001 bis 2011
10 Jahre Marie Steiner Verlag

*für die hilfreiche Mitarbeit an dieser Schrift
danke ich Otto Ph. Sponsel-Slezak*

1. Auflage 2011

Alle Rechte vorbehalten.

© 2011 Marie Steiner Verlag im Haus der Sprache
75378 Bad Liebenzell, Burghaldenweg 12|1
Fax: 07052-9344233
Internet: www.marie-steiner-verlag.de
E-mail: info@sprachgestaltungskunst.de

Satz: Manfred Christ | www.scrivendi.de
Druck: Memminger MedienCentrum

ISBN 978-3-9813255-7-7

INHALT

EINLEITUNG
9

DIE ENTSTEHUNG DER SPRACHGESTALTUNG
ALS ERNEUERUNG DER SPRACHKUNST
15

HÖHEPUNKTE DER SPRACHGESTALTUNG
IN REZITATIONS- UND SCHAUSPIELKUNST
27

KRISEN UND NIEDERGANG
31

NEUWERDUNG DER SPRACHGESTALTUNGSKUNST
IM SINNE EINER ALLGEMEINEN MENSCHHEITSKUNST
35

ZUKUNFTSFÄHIGKEIT UND
NOTWENDIGKEIT IN FREIHEIT
41

ANMERKUNGEN
49

HAUS DER SPRACHE, UNTERLENGENHARDT

EINLEITUNG

«*Die Geschichte des geistigen Lebens ist ein fortwährendes Suchen der Einheit zwischen uns und der Welt.*»
Rudolf Steiner [3]

Am 3. Oktober feiert das «Institut für Sprachgestaltung»,[4] das aus der «Schulungsstätte für Sprachgestaltung und sprachkünstlerische Therapie»[5] hervorgegangen ist, sein 33-jähriges Bestehen. Der «Marie Steiner Verlag»,[6] der es sich zur Aufgabe gemacht hat, «das Bewusstsein für die Notwendigkeit eines schöpferischen Sprechens als Voraussetzung und Ziel eines schöpferischen Denkens und Handelns zu stärken»,[7] feiert heute sein 10-jähriges Bestehen.

Anlässlich dieser beiden Jubiläen ist eine Erinnerung daran, wie es zu einer anthroposophisch orientierten Sprachgestaltung gekommen ist, ebenso naheliegend wie es angebracht erscheint, neben den Blütezeiten und Höhepunkten der sprachkünstlerischen Aufführungspraxis auch ihre Krisen, ihren Niedergang zu umreißen, um schließlich die Möglichkeit einer Neuwerdung im Sinne ihrer Bedeutung für die Zukunft zu beleuchten.

Es ist ja das Besondere des Menschen, dass er zu seiner Menschwerdung alles gezeigt bekommen muss, dass er lernen muss, sich zurechtzufinden in seiner natürlichen, sozialen und kulturellen Umgebung. In die Zeitverhältnisse, die er hier auf der Erde vorfindet, muss er sich hineinstellen, sich einleben in seine leiblich-seelischen Gegebenheiten, sich in seinen Persönlichkeitsstrukturen zurechtrücken, um im Leben zurechtzukommen. In jedem Lebensalter muss er sich wieder neu zurechtfinden, neu zurechtrücken, um mit dem Gang der inneren und äußeren Entwicklung Schritt zu halten. Dieses In-Beziehung-Treten, Sich-in-ein-gesundes-Verhältnis-setzen-Können bezieht sich auch auf die Gedankengänge anderer Menschen, auf die Lebensart anderer Völker, auf vieles, was uns selbstverständlich erscheint und anderes, was die geistige Welt betrifft, zu welcher die Sprache ihrem Wesen nach gehört, aber auch schon auf den Lebensbeginn im irdischen Dasein. «Alles *wird* ja erst in der Welt, alles entsteht erst, und für alles, was entstehen soll, müssen die Ursachen gegeben werden.»[8] Was hier für die Menschheitsentwicklung gesagt wird, gilt auch für das Leben des einzelnen Menschen.

Das erste, was der Mensch finden muss, die Möglichkeit der Nahrungsaufnahme, hat mit Bewegung, mit Rhythmus zu tun. Rhythmus ist so etwas wie der Notenschlüssel für alle gesunden Lebensprozesse. Desweiteren bedarf es angemessener Entwicklungsräume und handgreiflicher Dinge, die wie von selbst die Bewegungsentwicklung rhythmisieren. Zuerst hilft ihm die Wiege; dann sind es die Füße, die ihn tragen; die Schaukel ist ein Instrument, mit dessen Hilfe er sich selbst in den Rhythmus einschwingt; die Wippe ermöglicht Ähnliches im Stehen, in der Körperstreckung; das Springseil regt an, die Arme und damit den «atmenden Menschen» verstärkt in die Bewegung mit einzubeziehen; der Roller unterstützt eine Fortbewegung unter rhythmischem Abstoßen vom Boden durch einen Fuß, das Fahrrad ein Vorwärtskommen durch zeitlich versetzte Tretbewegung; zuletzt sitzt der Mensch im Auto – im Unterschied zur Fahrt im Kinderwagen dirigiert er nun selbst den Bewegungsablauf; – die Zukunft bestimmt das Auto ohne Fahrer,[9] die Robotertechnik, die ferngesteuerte Bewegung …

Eines kann der Mensch von Natur aus, nämlich den Mund, das «rhythmisch-schöpferische Gestaltungsfeld»,[10] so zu bewegen, dass Nahrung – und zwar für Leib und Seele – aufgenommen werden kann. Die Milch und das Wiegenlied[11] sind, wenn man so will, Wundermittel, die den Weg in eine sicher scheinende Zukunft bahnen. Erstes stoffgebundenes Ernähren und das beruhigende Singen in den Schlaf geschehen in rhythmischer Bewegung größerer und kleinerer Impulsfolgen. Im Kleinen ist es der innere Eigenrhythmus der Ernährungsmaßnahme, im Großen sind es die regelmäßig wiederholten Abfolgen derselben. Was bringt nun jeder aufgenommene Schluck Milch in Bewegung? Die Tätigkeit der Verdauungsorgane.[12] Und jeder aufgenommene Klang, jeder aufgenommene Laut setzt die Sprachorgane in zielsuchende Tätigkeit. «Die esoterische Philosophie aller Zeiten bezeichnet das Weltall in seinen Tiefen als ein rhythmisches Leben des Weltengeistes.»[13] Alle Lebensvorgänge sind rhythmischer Art, innere Uhren bestimmen den Rhythmus.

*MEISTER BERTRAM VON MINDEN, GRABOWER ALTAR (1379–83):
DIE RUHE AUF DER FLUCHT NACH ÄGYPTEN*[14]

Wie das Kind durch Nachahmung und Vorbild insbesondere auch das Sprechen lernt, so lernt der Schüler der Sprachgestaltungskunst in einem neuen Sprechen zu erwachen. Er beginnt eine Bewusstseinsschulung, die außer den eigenen keine Grenzen kennt, und selbst die eigenen wollen zumindest zeitweise ein Stück weit überwunden werden. Noch der erwachsene Sprecher, hat er es zu einer gewissen Meisterschaft gebracht, bleibt ein stets Unfertiger, ein Übender und Lernender. Begabung und Wissenschaft können hier große Hilfen sein, sie können aber auch hinderlich werden. Durchaus lässt sich sagen, dass jeder Mensch ein geborener Sprachkünstler ist, zugleich aber muss er, um ein solcher sein zu können, ein solcher erst werden. Nicht unbedingt hauptberuflich muss er es sein und werden, sondern ganz allgemein im Leben und in der Arbeit. Lebensnahrung ist die Sprache ebenso, wie das Sprechen an der Sprache – und damit der Mensch – wachsen und gesunden kann.

*ALBERT VON BARAVALLE:
MODELL ERSTES GOETHEANUM*

DIE ENTSTEHUNG DER SPRACHGESTALTUNG ALS ERNEUERUNG DER SPRACHKUNST

Rudolf Steiner und Marie Steiner-von Sivers können als die Eltern der anthroposophischen Sprachgestaltungskunst angesehen werden, und tatsächlich lässt sich die Sprachkunst als das jüngste und labilste Kind der Anthroposophie begreifen, sodass man sagen kann: Die Entwicklung der Sprachgestaltung hängt insofern mit der Entwicklung des Menschen eng zusammen, dass sie selbst als ein lebendiges Geschöpf betrachtet werden kann. Sie geht durch Geburten und Tode, Krankheiten und Verstimmungen, sie kennt Alter und Jugend, Schlaf und Betriebsamkeit, Freuden und Leiden. Sprachgestaltungsprozesse sind zugleich sprachpflegerische Vorgänge, sind Menschseinspflege deshalb, da ebenso, wie der Mensch die Sprache handhabt und gestaltet, die Sprache auch ihn – und zwar in sehr feiner Weise – zu gestalten vermag. Diese Rückwirkung kann eine heilsame sein, wird sie als solche aufgenommen, wird sie aus den Bereichen unbewusst verlaufender Wechselwirkung heraus in die Achtsamkeit genommen.

Sprachgestaltung ist eine Sprachpflege, die der Pflege des Menschseins entspricht. Da ihre Quellen in der höchsten Kraft der Vermittlung und des Ausdrucks, derjenigen der Sprachkraft als der eigentlichen Kraft des Wortes liegen, berühren sie den Menschen in seinem tiefsten Sein, seiner Ich-Identität. Die Kraft des Wortes zeigt sich in einer «spirituellen Brückentechnologie»,[15] und doch ist sie weder dingfest zu machen noch lässt sie sich in feste Begriffe spannen. Der Mensch lebt sich in die Sprache ein. Schauen wir auf die Anfänge, die Entstehung der Sprachgestaltung!

Rudolf Steiner hat zweifellos und in vielschichtiger und umfassender Weise durch das Wort beziehungsweise durch die inneren Kräfte des Wortes gewirkt. Wie er aus den Tiefenschichten des Gedankens geschöpft hat, so war auch seine Sprachbehandlung keine nur oberflächliche. Erst *hinter* dem Wortsinn findet sich der Sprachgeist und nicht weniger als die Gedanken Kräfte sind, sind es auch die Worte und die Laute. Deshalb kann die Geisteswissenschaft Rudolf Steiners auch als eine reine Sprachwissenschaft oder, besser gesagt, als eine neue Sprachkunst gelten. Die sich auf diese Weise offenbarenden Inhalte zu erkennen genügt nicht, zunächst müsste versucht werden, sich innerhalb dieser so zurechtzufinden, dass Erfahren und Verstehen ein wirkliches geistiges Erleben sein kann. Versuchen wir, dieser Spur zu folgen!

1897 übersiedelt Rudolf Steiner von Weimar nach Berlin und unterrichtet dort an der Arbeiterbildungsschule.[16] Er unterrichtet Geschichte und Rede-Turnen;[17] das bedeutet ein in zweifacher Weise – einmal in der Zeit und einmal in der Sprache – stattfindendes Sich-zurecht-Finden. Geschichte – die

Kraft der Erinnerung wird aufgerufen und geschult. Rede-Turnen – wie sah das aus? Es erfasste den ganzen Menschen und verlief in einem Stufengang. Rudolf Steiner führt vom weichen Talk zum härtesten Stein, dem Diamanten. Die Härteskala der Mineralien[18] lässt er zur Schulung des Gedächtnisses vor- und rückwärts sprechen. Wir finden hier einen Atmungsvorgang, ein Ausdehnen und Zusammenziehen, einen Lebensprozess, der aus der Weite in die Enge und aus der Enge heraus wiederum in die Weite führt.

Talk, Steinsalz, Kalkspat, Flussspat, Apatit,
Orthoklas, Quarz, Topas, Korund, Diamant

Dies geschieht künstlerisch. Das Rhythmisch-Pulsierende und -Atmende ist Merkmal künstlerischen Gestaltens im Sinne einer großen Menschenbehandlungskunst. Rudolf Steiner lässt seine Kursteilnehmer also rückwärts sprechen, rückwärts denken, rückwärts schauen und erleben, mit durchaus einfachen Mitteln, deren Wirkung eine Sprachbewusstseinswirkung genannt werden könnte –

Diamant, Korund, Topas, Quarz, Orthoklas,
Apatit, Flussspat, Kalkspat, Steinsalz, Talk

Im Jahr 1900 findet die Begegnung mit der damals 33-jährigen Marie von Sivers, der späteren Marie Steiner, statt; es kommt zur Zusammenarbeit in der Theosophischen Gesellschaft.[19] Marie Steiner – sie sprach fünf Sprachen fließend: Russisch, Deutsch, Französisch, Italienisch, Englisch – hatte

TALK   STEINSALZ

KALKSPAT   FLUSSSPAT

APATIT   ORTHOKLAS

QUARZ   TOPAS

KORUND   DIAMANT

eine hervorragende Sprecherziehung und eine Ausbildung an der Comédie-Française[20] und in Berlin in der Rezitationskunst und im Schauspiel genossen.

Diese Begegnung hat viele Gesichter. Im Persönlich-Überpersönlichen verbinden und ergänzen sich fortan die Sphären des Denkens und des Sprechens auf wunderbare Weise. Gewiss, beides war immer ein umfassendes Ganzes, ein Vollständiges, und doch bedurfte die Geisteswissenschaft, um sie selbst zu sein, der Kunst nicht minder als eine neue Kunst der Geisteswissenschaft bedurfte. Stets hat Rudolf Steiner betont, das «Was» einer Sache nicht über ihr «Wie» zu stellen. Dies wurde kaum beherzigt, und so wird auch Marie Steiner-von Sivers bis heute nicht als ebenbürtige Gründerpersönlichkeit aller Anthroposophie neben Rudolf Steiner anerkannt.[21]

«Die erste gemeinsam durchgeführte Veranstaltung fand in Berlin am 7. Mai 1906, dem Todestag von H. P. Blavatsky,[22] statt. Rudolf Steiner sprach über das Wesen der griechischen Mysterien; Marie von Sivers rezitierte die an Hölderlin gerichtete Dichtung ‹Eleusis› von Hegel.»[23] In eben demselben Jahr zu Weihnachten 1906 gab Rudolf Steiner das erste Wahrspruchwort. Marie Steiner berichtet darüber: «Es gehört zu den einschlagenden inneren Ereignissen unseres Lebens die Stunde, da er zu Weihnachten seinen ersten gedichteten Wahrspruch gab: ‹Die Sonne schaue zu mitternächtiger Stunde …› und die Kraft gefunden werden musste, diese Fülle des Erlebens, diese Wucht des wie in Quadern gemeißelten Wortes in den tönenden Laut umzuformen: Ein Wendepunkt für das Seeleninnere.»[24]

Sehr früh beschäftigt sich Rudolf Steiner mit der Pädagogik, mit der Sprachkunst und der Dichtung. 1907 schreibt er über die Erziehung des Kindes vom Gesichtspunkt der Geisteswissenschaft ausgehend. Es sind Betrachtungen, die er zuvor an verschiedenen Orten vorgetragen hatte und auf Wunsch vieler Menschen dann in Druck brachte. Die Kunst wurde auf die Pädagogik angewandt, aus Pädagogik wurde Erziehungskunst. Er sagt: «Besonders sollte alles Sprechenlernen im Sinne der Nachahmung geschehen. Hörend lernt das Kind am besten sprechen. Weniger auf den Sinn als vielmehr auf den schönen Klang ist Wert zu legen. Je erfrischender etwas auf Auge und Ohr wirkt, desto besser ist es … Bei Erzählungen kommt alles auf die Art des Erzählens an!»[25] Aller Unterrichtsstoff sollte in künstlerischer Weise an das Kind herangebracht werden. Das Kind sollte durch Nachahmung und Vorbild lernen, das heißt, es sollte Handlungen und Ich-Bilder erleben, die auf die Selbstverwirklichungskräfte eine anregende und richtunggebende Wirkung haben konnten.

Ein Jahr später, 1908 in Berlin, wird von Rudolf Steiner und Marie von Sivers das erste Kunstzimmer eingerichtet. Diese Kunstzimmer waren, wie Marie Steiner berichtet, «fürs breite Volk gedacht als gastfreie Stätten, die nicht nur Wärme und Behaglichkeit, sondern auch Schönheit, Ästhetik und geistige Anregung bieten sollten»[26]. Es wurden dort Gemäldeausstellungen gezeigt, Abendveranstaltungen organisiert und durchgeführt, musikalische und rezitatorische Programme geboten. Marie Steiner hob die Menschen mit ihren Rezitationen von Anbeginn ihres Wirkens mit Rudolf Steiner an in den geistigen Raum der Kunst. Sie rezitierte aus Goethes «Faust» den Faust-Monolog und die Ariel-Szene, sie rezitierte die Hymnen von Novalis und aus Werken verschiedener anderer Dichter. Immer vermittelte sie eine Sprachkunst auf höchster Stufe. Im Rahmen der Kunstzimmer wurden auch erstmals die «Oberuferer Weihnachtsspiele»[27] einstudiert, die später von den Mitspielern auch in anderen Städten zur Aufführung gebracht wurden.[28]

Warum ist gerade die Kunst für den Menschen so lebensnotwendig? Der Mensch hat sich im Laufe der Erdenentwicklung von seiner eigentlichen Heimat, dem geistigen Lebensraum, weit entfernt; er ist im Laufe der Zeiten immer erdverhafteter geworden und hat seine geistige Herkunft fast vergessen. Allzu tief steckt er im Irdischen darinnen. «Aber in der Kunst treten wir gewissermaßen einige Schritte zurück vom Leben, und wir treten einige Schritte näher demjenigen, was wir waren im vorgeburtlichen Leben und was wir werden im nachtodlichen Leben.»[29]

Von der menschlichen Sprache spricht Rudolf Steiner als von der «Ur-Kunst».[30] In einem unkünstlerischen Element kann der Mensch und kann Anthroposophie nicht recht gedeihen, denn in einem unkünstlerischen Element wird sie «kurzatmig».[31] Ohne Kunst fehlt der Schwung, fehlt die Wirklichkeitskraft, die Erlebenserneuerung, der Freiheitsaugenblick; es fehlt die Atemwoge. Und diese Atemwoge fehlt heute auch der menschlichen Sprache, die so stark an das Irdische angepasst ist, dass es nicht leicht ist, so drückt es Rudolf Steiner aus, sie wieder an das Geistige und damit auch an das, was die Urkunst einmal gewesen war, heranzubringen.[32]

Bereits 1910 hält Rudolf Steiner in Berlin den Vortrag über die Geisteswissenschaft und die Sprache, in welchem im Grunde genommen die gesamte spätere Sprachgestaltung veranlagt ist. Er führt hinter das Geheimnis der Sprache und der Menschwerdung und schließlich zu der Aussage: «In der Geisteswissenschaft ist nicht ohne künstlerisch wirkenden Sprachsinn zu schaffen. Alles andere ist von Übel.»[33]

1912 entsteht die Eurythmie, eine eigene Sprache der Sprache, ein spirituelles Sprachfeuerwerk, dessen Botschaft eine eindeutige ist: Aufwachen für die Sprache und – die innere Kraft und Schönheit des Sprechens zur Offenbarung bringen. Marie Steiner entwickelt das Sprechen für die Eurythmie. 1912/13 entsteht der «Anthroposophische Seelenkalender»,[34] die Wochensprüche werden aufgezeichnet: wir sehen eine gewaltige, in tausend Bildern schimmernde, kosmische Lotusblume. Am 28. Dezember 1914 spricht Rudolf Steiner über Technik und Kunst, ihren Zusammenhang mit dem Kulturleben der Gegenwart und die Sprache. Er spricht über die große Bedeutung der Sprache, aber auch davon, wie heute der Mensch nur noch «materiell in dem Sprachlaute lebt»[35] und er sagt, dass seit dem 15./16. Jahrhundert die Menschheit herausgerissen worden ist «aus den Genien der Sprache».[36]

1915 spricht er über Kunst- und Lebensfragen. Unter diesen Vorträgen befindet sich auch der Vortrag über den verlorenen Einklang zwischen Sprechen und Denken. Zu einer innigen Verbindung von Sprechen und Denken, Denken und Sprechen muss es immer wieder und auch heute wieder kommen. Rudolf Steiner spricht in diesem Vortrag davon, dass das Denken um eine Stufe tiefer liegen sollte, «der Mensch viel natürlicher denken sollte, und er sollte viel weniger und auf einer viel höheren Stufe sprechen und das Gesprochene verstehen».[37] 1915 entstehen die gewichtigen Tierkreis-Strophen für die Eurythmie.[38] 1914/15 hält Rudolf Steiner die Vorträge über Kunst im Lichte der Mysterienweisheit.[39]

In den folgenden Jahren kommt es zu den Sprechübungen für Vortragsredner[40] und für Lehrer.[41] 1919 wird die «Freie Waldorfschule» in Stuttgart gegründet. Mit den Lehrern werden gründlich die Sprachübungen gemacht, jeweils auch vor den Einführungen, die ihnen Rudolf Steiner zur Pädagogik gibt. Stets oblag es Marie Steiner kunstgerecht vorzusprechen. Sie war es überhaupt und letztendlich, die die Kunst in die Waldorfschule hinein brachte. Eine Selbstverständlichkeit war es, dass sie dem ersten Lehrerkollegium angehörte. Es war nicht anders zu erwarten: Das Kind sollte in der Schule nicht nur Schreiben und Lesen, es sollte auch Sprechen lernen. Dafür aber musste der Lehrer besonders gut geschult sein, denn er sollte, formt er doch durch seine Sprache am Schicksal der Kinder mit, sein Sprechen einem künstlerischen Sprechen annähern können.[42]

1920 folgen Vorträge zu Rezitation und Deklamation.[43] 1921 spricht Rudolf Steiner über Kunst und Anthroposophie, er spricht davon, dass in der Sprache diejenigen Kräfte wirken, «die den menschlichen Fortschritt, die menschliche Evolution lenken».[44] 1922 gibt er den Kursus über künstlerische Sprachbehandlung,[45] den sogenannten «kleinen dramatischen Kurs». Es ist das Jahr vor dem Brand des ersten

Goetheanum-Baues. Die letzten zwei Vorträge, die Rudolf Steiner vor dem Brand in Stuttgart gehalten hat, fanden am 4. und 9. Dezember 1922 statt. Am 4. Dezember spricht er über die Erfassung des Künstlerischen in seiner Geistigkeit und über die Enthüllung des Ton- und Lautgeheimnisses,[46] am 9. Dezember über Hören, Sprechen, Singen, Gehen und Denken.[47]

Nach dem Brand ist Rudolf Steiner wieder in Stuttgart und spricht am 29. März 1923 über Maß, Zahl und Gewicht des Silbenhaften, über Silbenlauten und Wortesprechen.[48] Durchwirkt sind seine Ausführungen, rezitiert von Marie Steiner, mit vielen Beispielen aus der Dichtung. Am 2. Mai 1923 hält er, ebenso in Stuttgart, den Vortrag über den individualisierten Logos und die Kunst, aus dem Worte den Geist, das Wesenhafte, herauszulösen.[49] Ebenso 1923, im Mai und Juni, folgen die großen Vorträge in Dornach und Oslo über das Künstlerische in seiner Weltmission.[50]

In Ansprachen zu Eurythmieaufführungen in Dornach zu Johanni 1923 weist Rudolf Steiner immer wieder auf die Sprache hin. Wir haben das schon erwähnt – ich zitiere noch einmal. Er weist darauf hin und spricht davon, dass die Sprache sich immer mehr und mehr an das Irdische angepasst hat, «denn die Sprache ist, insbesondere wo sie fortgeschritten ist, eben so stark an das Irdische angepasst, dass man sie nicht leicht wieder zurückbringen kann an das Element des Außerirdischen.»[51] Doch gerade darum geht es der Sprachgestaltung, die ihrem Wesen nach kosmisches Geschehen nicht nur widerspiegeln, sondern auch verwandelt und verwandelnd in die Tat umsetzen will. 1923 spricht Rudolf

Steiner über Mysteriengestaltung, am 2. Dezember über die Mysterien von Ephesus, und er führt aus, wie der Schüler in das eigentliche Geheimnis des Sprechens eingeführt wurde. «Dieses Geheimnis hängt zusammen mit dem Geheimnis des Menschen. Das ‹Erkenne dich selbst› bekam einen heiligen Sinn dadurch, indem es nicht nur theoretisch gesprochen wurde, indem es innerlich feierlich gefühlt und empfunden werden konnte.»[52]

Das letzte Lebensjahr Rudolf Steiners, das Jahr 1924, ist erfüllt mit Staunen machenden Aktivitäten insbesondere für die Medizin, für die Eurythmie – und für die Sprachgestaltung mit dem Kursus für Sprachgestaltung und dramatische Kunst.[53] In den Schlussworten spricht Rudolf Steiner aus, dass durch das Arbeiten in Richtung dieses Kurses «etwas von der zukünftigen Zivilisation Gefordertes schon in der Gegenwart im Keime [wird] begründet werden können».[54] Diese Vorträge wurden bereits 1926 von Marie Steiner herausgegeben. Am 28. September 1924 zu Michaeli fand die letzte Ansprache Rudolf Steiners statt, wo er über die Individualität von Novalis sprach.[55]

Die Kunst und insbesondere die Sprachkunst bilden einen Heil- und Schutzraum für den Menschen, vergleichbar der Hülle, die das Kind während seiner ersten drei Lebensjahre umgibt, entscheidende Jahre, in denen es durch die drei sich entwickelnden Fähigkeiten Denken, Fühlen und Wollen lernt, sich in das Erdendasein hineinzufinden.

I. Zyklus 29. 31. Juli 2. und 4. August 1951 10 Uhr
II.   "   14. 15. 17. und 19. August 1951   10 Uhr

GOETHEANUM

Freie Hochschule für Geisteswissenschaft

DORNACH   (Schweiz)

Vier Mysterien-Dramen

von

RUDOLF STEINER

PROGRAMM-HEFT

HÖHEPUNKTE DER SPRACHGESTALTUNG IN REZITATIONS- UND SCHAUSPIELKUNST

«Aus dem Sinnlich-Bedeutungsvollen ins Geistig-Bewegte, das ist der Weg, den uns Rudolf Steiner für die Kunst der Rezitation und Deklamation gewiesen hat»[56] (Marie Steiner). Um in diesem Sinne zu wirken, hat Marie Steiner nach Rudolf Steiners Tod alle ihre Kräfte aufgewendet. Sie widmete sich zwei großen Aufgaben: der Herausgabe der Werke Rudolf Steiners und der Vermittlung der Sprachgestaltung in der Rezitation, im Sprechen für die Eurythmie, im chorischen Sprechen und in den Einstudierungen der vier Mysteriendramen Rudolf Steiners, der ungekürzten Aufführungen von Goethes «Faust» I und II, der «Iphigenie» sowie verschiedener Dramen Albert Steffens und Friedrich Schillers. In einem Gedenkblatt für Marie Steiner haben ihre Schüler von diesem Leben, das sich durch Marie Steiner auf der Bühne und in der gesamten Arbeit mit ihr entfaltete, eindrucksvoll berichtet.[57] Mit großen Eurythmie-Tourneen und Sprechchor-Reisen verbreitete sich die anthroposophisch inspirierte Sprachgestaltung weit über die Grenzen der Schweiz hinaus.

Ich hatte das große Glück, im Jahr 1951 die vier Mysteriendramen in Dornach zu erleben. Es war drei Jahre nach Marie Steiners Tod. Ihre hochkünstlerische Sprachgestaltung war als Kraft durch die Schauspieler noch anwesend. Dieses Erleben der Aufführungen war fast überwältigend; es drang mir tief in die Seele, erhob mich in eine nie zuvor gekannte innere Begeisterung und führte mich in eine völlig neue Verbindung zur Sprache.[58] Ich spürte etwas von dem, was ich erst viele Jahre später bei Rudolf Steiner so las: «Wir brauchen ein neues Verhältnis zur Sprache, wenn wir in der Menschheitsentwicklung vorwärtskommen wollen».[59]

Die Sprachgestaltung hatte unter Marie Steiner ihren Höhepunkt erreicht – eigentlich ein Plateau, das seine Tragfähigkeit lange Zeit erhalten konnte. Die Darsteller in den Mysteriendramen, die eine strenge, intensive Schulung durchlaufen hatten, sprachen dennoch recht unterschiedlich. Allen gemeinsam war eine gewisse Sprachmusikalität, eine starke plastische Lautbildung und ein rhythmisch getragenes Sprechen. Bei einigen Mitgliedern des Ensembles herrschte das verstandesmäßige Auffassen ihrer Rollentexte vor, einige glitten ins Gesangliche ab, andere wiederum waren in das vom Atem getragene, von Gebärde erfüllte und erlebnishafte Sprechen ihrer Rollen mittels der Sprachgestaltung vorgedrungen. Dies hörend mitzuerleben war wohltuend, in jeder Weise aufbauend und eröffnete ganze Zimmerfluchten mit Räumen, in denen wirksam heilende Kräfte vermutet werden konnten. Ich wusste sogleich: Eine Schulung zu einem solchen Sprechenkönnen wollte auch ich durchlaufen, sie würde unweigerlich in das Heilende hineinführen müssen.

In späteren Jahren kam es bezüglich der Sprachgestaltung mehr und mehr zu einer Verunsicherung. Das einmal Erreichte ließ sich nicht halten, die künstlerische Entwicklung stagnierte, die Aufführungen wurden zu traditionellen Festspielen. Man suchte zwischen Konservierung und Modernismus, beschritt Wege, die wiederum zu weit vom ursprünglichen Sprachimpuls abwichen und sich an heute in der Rezitations- und Schauspielkunst üblich Gewordenes mehr und mehr anglichen. Das Geistlebendige wurde zum einen stark zurückgedrängt, zum andern sank es in sich selber nieder und verblasste.

KRISEN UND NIEDERGANG

*E*in Hauptgrund, dass es zu einer Krise kam, lag wohl darin, dass von unkünstlerischen Menschen aus der Anthroposophischen Gesellschaft selbst vermehrt Angriffe erfolgten, die sich gegen das musikalisch-rhythmische Sprechen wandten, ein Sprechen, durch welches man sich im Verstehen der verstandesgemäß erfassbaren Inhalte gestört fühlte. Andererseits war eben die gesamte Sprachgestaltung in eine als ziemlich unerträglich empfundene Intonierung, in ein Tonlich-Schleppendes abgeglitten, sie hatte das «Geistig-Bewegte»[60] einer hochkünstlerischen Sprachmusikalität allmählich verloren. Marie Steiner spricht es einmal aus: «Das Musikalische in der Sprache ist unerträglich, wenn es nicht in der Gebärde, in der Wortbewegung bleibt, sonst ist es ein Nachmachen der Gefühlsmusikalität».[61] Den inneren Krisen, die immer weniger gemeistert wurden, folgte der Niedergang dadurch, dass man immer mehr nurmehr das Einfach-Persönliche suchte, statt sich nach dem «objektiven außermenschlichen Sprachorganismus»[62] zu richten. Das missverständlich Persönliche und das aus der vorherrschenden Rezitations- und Theaterkultur Althergebrachte sollte gerade überwunden, verwandelt und auf eine höhere Stufe eingeschmolzen werden. Zu diesem Zwecke war ja die Bitte um den «Dramatischen Kurs» an Rudolf Steiner herangetragen worden, deshalb hatte Rudolf Steiner diesen Kurs gehalten und ausdrücklich erklärt: «man muss es lernen, in den Laut das hineinzutragen, was man eigentlich gefühlsmäßig will.»[63] Eine ganz neue innere Bewegung sollte gesucht werden, von Sport, Tanz, Akrobatik, Gesang und Eurythmie zur Sprachgestaltung führend sollte die Bewegung eine immer geistigere und geistigere geworden sein. Jetzt kam der Rückfall, ein schleichendes Fallenlassen von als unerreichbar und veraltet empfundenen Richtwerten, die Sprache wurde wieder an das Persönliche gefesselt, statt sich auf dieses nur zu stützen. Dieser Vorgang ist einem Rückfall nach überstandener Krankheit vergleichbar, und der ist oft schwerer zu heilen als die vorangegangene Krankheit selbst.

Viele Jahre schon ringen einige wenige Menschen darum, die Sprachgestaltung, wie sie einstmals veranlagt wurde, wieder auf den Stand ihrer eigentlichen Bedeutung zu bringen, den ganzen Menschen wieder in die Sprache hinein zu erobern.[64] Warum ist das so schwer? Weil man am nächsten an sich selber herankommt, nähert man sich dem eigenen Sprechen.

In einem Zeitungsartikel war einmal Folgendes zu lesen: «Man kann einem guten Bekannten ohne Weiteres sagen, dass seine Krawatte schief sitzt, aber nicht, dass sein dauerndes ‹Nee wirklich?› unmöglich ist. Nur in der Geschäftswelt kennt man solche Skrupel nicht. Viele große Firmen wie General Motors und Esso finanzieren neben der fachlichen Weiterbildung ihrer Angestellten auch deren Stimm- und

Sprachpflege. Ohne Zweifel macht sich das bezahlt. Eine Telefonistin mit schläfriger Stimme ist keine Empfehlung für ihre Firma, heisere oder kreischende Verkäuferinnen verjagen die Kundschaft, frische, liebenswürdige Stimmen dagegen haben manchen unschlüssigen Käufer gewonnen …»[65]

Die Sprachgestaltung fordert das Arbeiten an der Stimme, das Arbeiten am Atem. Der Atem ist der fortwährende Heiler in uns, der Atem ist der innere Arzt – darin ist sich Rudolf Steiner mit Paracelsus einig. Nehmen wir es für wahr? Marianne Garff[66] – bekannt durch ihre Kindersprüche[67] – war 21-jährig dazu bestimmt, von der Kugelmann-Schauspielgruppe[68] Rudolf Steiner den Brief mit der Bitte um einen Dramaturgie-Kurs zu überreichen. Sie erzählte mir davon und auch von Marie Steiners Rezitationen und sagte: «Marie Steiner hatte eine orchestrale Stimme.» Diese unvergesslichen Worte bedeuteten für meine spätere Arbeit sehr viel.

Der Eindruck des Orchestralen wurde erweckt durch ihre Atembehandlung, durch das Eingreifen in das Sprachinstrument mit ihrem ganzen Wesen, das Hindurchstoßen in den Atemraum und das «Freiwerden» von der Gebundenheit an das Sprech-Instrument, die leiblichen Sprachorgane. Stimmbeweglichkeit an Lauten und Lautverbindungen auf dem Boden des Atems und Erlebens – was den Künstler ausmacht – suchte ich fortan zu gewinnen. Nicht selten fragte ich mich: Wie lernt man sich selbst immer wieder neu zurechtzufinden, zurechtzurücken, um immer wieder und wieder neu mit dieser anspruchsvollen Kunst des Sprechens zurechtzukommen? Es dauerte lange, bis ich diese subtilen Prozesse nachvollziehen konnte.

«Die unterbewusste Kunst hat ihre Vergangenheit und mit ihrer Vergangenheit ein Ende erreicht. Die Kunst, welche sich von der Geisteswissenschaft inspirieren lässt, steht im Beginn, im Anfang der Entwickelung. Das ist die Kunst der Zukunft. So wahr es ist, dass der alte Künstler nicht zu wissen brauchte, was den Kunstwerken zugrunde liegt, so wahr ist es, dass es der zukünftige Künstler wissen muss, aber mit jenen Kräften, die wieder eine Art des Unendlichen darstellen, die wieder etwas aus dem Vollinhaltlichen der Seele darstellen. Denn der hat nicht die Geisteswissenschaft, der sie wieder zu einer Verstandeswissenschaft macht, der sie in Schemen und Paradigmen ausdrückt, sondern der hat sie, der bei jedem Begriff, den wir entwickeln – Opfer, schenkende Tugend, Resignation –, der bei jedem Worte etwas empfinden kann, was das Wort, was die Idee selbst zersprengen will, was höchstens in die Vieldeutigkeit der Bilder ausfließen kann.»

 Rudolf Steiner[69]

NEUWERDUNG DER SPRACHGESTALTUNGSKUNST IM SINNE EINER ALLGEMEINEN MENSCHHEITSKUNST

*I*m Jahr 1962 begann ich mit meiner Arbeit als Sprachgestalterin an der «Freien Waldorfschule am Kräherwald» in Stuttgart. Meine Aufgabe sah ich einerseits darin, die Sprachgestaltung an die Schüler in den verschiedenen Altersstufen – sei es in der Einzel- oder Klassenarbeit – so heranzubringen, dass sie zu einer spürbaren Unterstützung in den jeweiligen Entwicklungsstadien werden konnte, andererseits sollte sie den Lehrern zu einer Hilfe beim Unterrichten und im täglichen Umgang mit der Sprache werden und vor allem die Freude am künstlerischen Gestalten der Sprache wecken. Den entscheidenden Ansatz für beides fand ich in den die Sprachübungen, die Rhythmen und Gedichte und die verschiedenen Sprachstile begleitenden Bewegungen beim Sprechen. Da wich dann auch bald so manche persönliche Empfindlichkeit einer inneren Belebung, einem inneren Glücksgefühl, wenn eine Übereinstimmung von Sprechen und Bewegen zustande kam und nicht ein ebenso willkürliches wie hilflos wirkendes «Rudern», wie man es früher nannte, Atem und

VINCENT VAN GOGH: SÄMANN

Sprechablauf eher störend beeinflusste. Ich werde nie vergessen, wie einmal ein etwa zehnjähriges Kind äußerte: «Diese Bewegung mach ich so gern!» Ich hatte mit ihm zur Harmonisierung seines Sprach- und Atemablaufes den Säerspruch von Conrad Ferdinand Meyer sprechen geübt.

Säerspruch

Bemesst den Schritt! Bemesst den Schwung!
Die Erde bleibt noch lange jung!
Dort fällt ein Korn, das stirbt und ruht.
Die Ruh ist süß, es hat es gut.

Hier eins, das durch die Scholle bricht.
Es hat es gut. Süß ist das Licht.
Und keines fällt aus dieser Welt
Und jedes fällt wie´s Gott gefällt.

Wir hielten im linken Arm eine innerlich vorgestellte Schale mit Körnern fest, griffen mit der rechten Hand hinein, holten die Körner und streuten sie mit einer sich weit dehnenden Säergebärde und dem gleichzeitigen Sprechen einer halben oder ganzen Zeile sprachrhythmisch aus. Ein Wohlklang im

Zusammenstimmen von begleitender Bewegung und eigentlicher Sprachbewegung hatte sich eingestellt. Und in einem solchen Zusammenfinden von Bewegung, Sprache, Atem und Stimme liegt meiner Erfahrung nach ein erster neuer Ansatz für die Sprachgestaltung als Schulungsweg nicht allein für die Theaterbühne, auch für die großen und kleinen Bühnen des täglichen Lebens. Vom Rhythmus muss dieser Ansatz ausgehen.

Einen weiteren Schwerpunkt legte ich auf das Hinführen zum Lauterleben, zur Lautbehandlung, zum Erfassen der Lautzonen im Sprachwerkzeug. In meinen verschiedenen Schriften habe ich immer wieder davon berichtet. Diese Bemühungen führten mich allmählich zur Entwicklung und Entfaltung einer sprachkünstlerisch orientierten Therapie als Heilkunst. Wie der Mechanismus der Hand aus dem ganzen Menschen heraus bewegt wird, so muss auch der Mechanismus des Mundes in der Lautbildung aus dem ganzen Menschen heraus bewegt werden. Zu diesem Zwecke gibt Rudolf Steiner im «Dramatischen Kurs» Bilder an, die man in seine Vorstellung aufnehmen soll, zum Beispiel für das K eine Kristallgestalt: «es ist tatsächlich für das Reinigen der Sprache, für das ‹Gelenkigwerden› der Organe in Bezug auf die Sprache von einem großen Vorteil, wenn wir uns eine Kristallgestalt vorstellen, indem wir K sprechen, so eine turmförmige Kristallgestalt. Dieses starke Vorstellen, das unterstützt uns im K-Sprechen.»[70] In der Einrichtung einer Sprachkünstlerischen Therapie sehe ich heute den Durchgang, um die Sprachgestaltung wieder beleben zu können, einen Weg, den die Sprachgestaltungskunst beschreiten muss, um sich wieder neu als eine höchste Menschheitskunst zu verwirklichen. Wenn sich die Worte Rudolf Steiners, dieses sei «etwas von der zukünftigen Zivilisation Gefordertes»,[71] bewahrheiten sollen, müssen sie in der Gegenwart auf offene Ohren treffen.

«Und die Lehren auf der Erde werden immer mehr so werden, dass in die folgenden Jahrhunderte und Jahrtausende herein die menschliche Sprache noch eine ungeahnt größere Wirkung bekommen wird, als sie in verflossenen Zeiten hatte oder in der Gegenwart hat.»
　　Rudolf Steiner [72]

ZUKUNFTSFÄHIGKEIT UND NOTWENDIGKEIT IN FREIHEIT

Sprachgestaltung war nie eine bloße Sprecherziehung im üblichen Sinne,[73] sie war von Anfang an eine Heilkunst. In meiner kleinen Schrift «Was ist Sprachkünstlerische Therapie?»[74] sind in zwei Zusammenfassungen Verbindungen zwischen den Wesensgliedern des Menschen, den Elementen und den vier Konsonantengruppen einerseits und zwischen den vier Ätherarten, den Elementen und den Konsonanten andererseits aufgezeigt. Wir bekommen damit eine gewisse Orientierung, einen Verständnishintergrund von den großen Zusammenhängen, in denen der Mensch und sein Sprechen sich befinden. Er muss sich wieder ganz mit dem Geistigen durchdringen, «und die Zeit muss kommen, da das Fleisch wiederum zum Worte wird und lernet, im Reich des Wortes zu wohnen.»[75] Der Ätherleib des Menschen ist der Heilerleib, der die Heilung im physischen Leib ausführt; ermöglicht wird ihm das durch den astralischen Leib, angeregt aber durch das Ich des Menschen. Wollen wir mit den Lauten über den Ätherleib heilend in den physischen Leib hineinwirken, müssen uns zuerst die Laute wieder ihre Kräfte offenbaren wollen.

Nehmen wir die Laute R und L.[76] Sie geben dem Sprechen Luft und Wasser zur Grundlage. Dem R wohnt die Luftdrehung inne, das L bewegt die Flüssigkeit in uns. Vom astralischen Leib, in dem die Sprache wohnt, wissen wir durch Rudolf Steiner, dass der Astralleib über die Zahl in den Ätherleib wirkt – «Der Astralleib zählt, aber er zählt differenzierend, zählt den Ätherleib. Er gestaltet ihn zählend. – Zwischen Astralleib und Ätherleib liegt die Zahl, und die Zahl ist ein Lebendes, ein in uns Wirksames»[77] –, wir wissen auch, dass er in Armen und Beinen verschieden wirkt – in Armen und Händen nach innen, in Beinen und Füßen nach außen.[78]

Alles, was wir mit unseren Armen und Händen tun, wirkt sich in der Lautbildung, im Laut- und Rhythmusempfinden aus. Schreiten, laufen oder springen wir, dann kräftigt sich das Sprechen, und es kann sicherer und wohlgeformter nach außen getragen werden. Das R fühlen wir vorwiegend in Armen und Händen, das L in den Beinen und Füßen. Beim R zittert und vibriert unsere Zungenspitze, beim L schlägt sie Wellen. Das heißt, es finden Mikroprozesse statt, die durch den Sprachkünstler sozusagen medikamentös zum Einsatz gebracht werden können. Doch, mehr noch als die Wirkstofflosigkeit in der Homöopathie, gilt hier, dass nicht der Laut selbst, sondern sein Schwingungsumfeld, seine innere Kraft und Qualität, seine Ober- und Untertöne, sein Stimmungsgehalt und anderes das eigentlich Wirksame und Wirkende sind.

Was liegen in den Sprachübungen von Rudolf Steiner doch für Heilkräfte verborgen, wie zum Beispiel in der wunderbaren Artikulationsübung

Rate mir mehrere Rätsel nur richtig [79]

Das sich drehende und harmonisierende R stützt sich auf das T, den Herz-, den Löwe-Laut, um sich über das M, das den ganzen Menschen in die Ausatmung bringt, vom einzigen L in das assimilierende CH tragen zu lassen. Mit Humor und heiterer Gelassenheit lassen sich größte Schwierigkeiten und Unzulänglichkeiten überwinden.

In einer anderen Übung herrscht das L vor. Es ist die bildhafte Geläufigkeitsübung

Lalle Lieder lieblich
Lipplicher Laffe
Lappiger lumpiger
Laichiger Lurch [80]

«Lurch» – welch ein Wunderwort! Wie auch das Wort «Molch» in folgender Stimmstellübung eine andere als die übliche Sprache spricht und durchaus Interessantes intuitiv offenbart.

Sturm-Wort rumort um Tor und Turm
Molch-Wurm bohrt durch Tor und Turm
Dumm tobt Wurm-Molch durch Tor und Turm [81]

Werden die Lautverbindungen im rechten Sinne bewegt und aufgenommen, wird der gesamte Sprachorganismus – und dieser ist letztlich der Mensch selber – rasch lebendig. Kürzlich hat man tatsächlich einen «Wunder-Molch» entdeckt, ein recht possierliches Tierchen. Was immer man ihm an Beschädigung zufügt, wird sofort erneuert.[82]

DER QUERZAHN-MOLCH AXOLOTL IST EIN
REGENERATIONSWUNDER

Und was wird uns Menschen heute nicht alles an Krankmachendem zugemutet! Wir können erneuern, wenn wir an der Sprache in unserem Sprachinstrument, in unserer Seelen- und Bewusstseinskraft regsam werden. In der therapeutischen Arbeit darf man nicht nur reparieren, man muss regulieren, dynamisieren und harmonisieren wollen. Das bedeutet ein Üben, in dem man produktiv, schöpferisch und erlebnisreich wird. Die Bewegung, das Tempo, die Pause, der Atem sind das Entscheidende und Einflussreichste, um Verspannungen und Stauungen lösen und gute Schwingungskräfte wie zum Beispiel das richtige Atem- und Pulsverhältnis[83] oder die Atem- und Liquorverbindung anregen zu können. Auch das Hervorholen der ätherischen Kehlkopfströme in die Heilsubstanz des Wortes und der Rhythmen gehört dazu, will die Kunst der Sprachgestaltung aus dem therapeutischen Ansatz heraus erneuert werden. Es darf für die Zukunft nicht mehr vorbeigegangen werden an der geisteswissenschaftlichen Schulung durch die Sprachgestaltung.

In den Vokalen offenbart sich die Seele. Staunend erleben wir im A den Atem, liebend im E das Herz, im I die Willensfreude, bewundern den Ton im O, im U den Urgrund erinnernd. Die Vokale ertönen durch die verschiedenen Stellungen des Mundes, vom weitmöglich geöffneten bis zum engmöglich gefassten Mundraum mit den gespitzten Lippen. Die Seele erholt sich, wenn sie in die Vokalreihe hineinschwingen kann, durch einfachste Mundverschiebung und ein vor und zurück Laufenlassen der Stimme.

A E I O U – U O I E A – A E I O U

Der Ätherleib kann tätig werden im willentlich ergriffenen Sprechen, dem ein ruhiges Hinhören und Aufnehmen vorangegangen ist. Aus A E I O U habe ich vier Wegworte mit insgesamt fünf Silben für die künstlerisch-therapeutische Spracharbeit gewonnen. Sie heißen: was – wer – wie – wozu. Ich möchte sie nur kurz erläutern. Jeden Vokal führt der von Rudolf Steiner als geheimnisvollster Laut bezeichnete W-Laut an;[84] das W bringt von der Seele aus in Bewegung. Das Z von Silbe fünf hat fürwahr einen magischen Klang, es beruhigt und erfrischt zugleich, und es hat immer eine besonders spannende Aufgabe.

WAS BRAUCHT HEILEND WER WIE WOZU?

Das «Was» *(der Gegenstand)*	Die Sprechwerkzeuge, die Sprachübungen, die Laute, die Silben, die Worte, Gedichte (zum Beispiel Sonett, Ballade) und Sprüche, die Sprachrhythmen (zum Beispiel Hexameter, Stabreim), Sprachstile, Atmung, Bewegung, Gebärde (zum Beispiel Ballen und Spreizen, Rundung und Streckung) ...
Das «Wer» *(der Akteur)*	Der Übende, der Künstler, das Kind, der Jugendliche, der Erwachsene, der Greis ...
Das «Wie» *(die Art und Weise)*	Geschwindigkeit, Geschicklichkeit, Größe und Menge, Nähe und Weite, Plastizität, Musikalität, Bildhaftigkeit, Farbigkeit ...
Das «Wozu» *(Sinn und Zweck)*	Sprachanbahnung, Erziehung, Pflege, Heilung, Bewusstseinserweiterung, geistig-seelisches Erleben ...

Das merkuriale Element, die Bewegung suchen wir, sie ist die Haupteigenschaft des Ätherleibes. Unsere Frage – sowohl für die Rezitations- und Schauspielkunst als auch für die Sprachheilkunst – wird immer sein: Wie kommt man in den Ätherleib hinein? Vor 100 Jahren, als Rudolf Steiner 50 Jahre alt war, 1911, hielt er in Prag die Vorträge über eine okkulte Physiologie.[85] Im vierten Vortrag, demjenigen vom 23. März 1911, finden sich aufklärende Ausführungen zu dieser Frage. Er spricht von zwei Strömungen des Ätherleibes, die mit zwei Organen im menschlichen Gehirn zusammenhängen und in einer ungeheuren Spannung zueinander stehen. Wenn wir diese Spannung lösen können, können wir auch in den Ätherleib hinein kommen. Ich möchte hinzufügen: Wir können diese Spannung aufgrund unserer Atembehandlung, unseres Atembewusstseins lösen. Nehmen wir in die Einatmung ruhig den Gedanken, die bildhafte Vorstellung, den vorgegebenen Rhythmus auf, so kommen wir über ein kurzes Atemhalten, von dem Rudolf Steiner in anderen Zusammenhängen öfters spricht,[86] mit der Ausatmung in ein solches Sprechen, das die aufgenommenen Eindrücke verarbeitet und im Ätherleib zum Gedächtnis werden lässt. Der Ätherleib ist allerdings ein «Nachtarbeiter», er führt die Heilung des Nachts durch. Sprache lebt auf der Kraft des Rhythmus. Die Spannung löst sich.

Gleichfalls vor 100 Jahren hat Rudolf Steiner eine Schrift über die geistige Führung des Menschen und der Menschheit[87] verfasst, eine Schrift, durch die wir uns tiefe Einblicke in die Kräfte und das Wirken des Ätherleibes sowie ein umfassendes Verständnis für die menschlichen Fähigkeiten Gehen, Sprechen, Denken[88] verschaffen können. Gehen, Sprechen und Denken sind Fähigkeiten, die wir in den ersten Lebensjahren erwerben, die immer im Sprechen anwesend sind, aber erst durch das gestaltete Sprechen zu einer atmend-künstlerischen Einheit finden.

Der Marie Steiner Verlag und das Institut für Sprachgestaltung möchten mit ihren Aktivitäten dabei helfen, der Sprachgestaltung den Raum offenzuhalten beziehungsweise wieder neu zu öffnen, einen sinnlich-übersinnlichen Raum, in welchem sie sich erholen und gestärkt wieder aufleben kann. Denn das müsste sie, will sie ihre gegenwärtigen und aus der Zukunft einstrahlenden Aufgaben immer mutiger und selbstsicherer in Angriff nehmen und erfüllen. Um aber verwirklichen zu können, was ihrer eigentlichen Bedeutung entspricht, nämlich zur Gesundung des Menschen im Zusammenleben mit dem Kosmos, ja, zur Heilung von Mensch und Kosmos ihren eigenständig-unverwechselbaren Beitrag zu leisten, muss die Sprachgestaltung spürbare Anstrengungen unternehmen, zu einer Sprach-Atem-Kunst zu werden, einer Heilkunst, die durch den schöpferisch gestaltenden Sprach-Atem wirken kann.

Haus der Sprache, Unterlengenhardt, am 10. September 2011

ANMERKUNGEN

1 Helmuth Ludwig Lauer (*14. Februar 1901, †28. September 1979), Architekt, war Repräsentant Goetheanistischer Baukunst und anthroposophisch inspirierter Architektur.
2 Dr. med. Elfriede Lötterle (*30. September 1915, †14. Dezember 2009), erste anthroposophische Augenärztin, von 1949 bis 1982 augenärztliche Praxis in Stuttgart, ab 1982 in Unterlengenhardt.
Ende 1999, als die *Schule für Sprachgestaltung und Sprachkünstlerische Therapie* sich von der *Freien Studienstätte Unterlengenhardt* löste, fasste Dr. Elfriede Lötterle den Entschluss, ihr 1976 erbautes *Haus Rosenhalde* der Heilenden Sprache zu widmen und in *Haus der Sprache* umzubenennen.
3 Rudolf Steiner: *Die Philosophie der Freiheit. Grundzüge einer modernen Weltanschauung* (GA 4), *Der Grundtrieb zur Wissenschaft,* Philosophisch-Anthroposophischer Verlag (Berlin W., Motzstraße 17) 1918
4 Am 1. Januar 2000 wurde das *Institut für Sprachgestaltung* gegründet.
5 1978 gründeten Christa Slezak-Schindler und Gisela Hellmers (*6. Juni 1925, † 27. Januar 2009) als erste Ausbildungsmöglichkeit in *Therapeutischer Sprachgestaltung* die *Schulungsstätte für Sprachgestaltung und sprachkünstlerische Therapie* in Stuttgart. 1985 führte Christa Slezak-Schindler die Ausbildung – ergänzt durch Fortbildungskurse für Sprachgestalter, Ärzte und Lehrer, Rezitationen und Vorträge zur Sprachkunst und Sprachkunst-Therapie – in Bad Liebenzell fort. 1996 wurde die *Schule für Sprachgestaltung und Sprachkünstlerische Therapie* in die *Freie Studienstätte Unterlengenhardt* integriert. In den bis 2005 stattfindenden *Therapiewochen,* in welche die Erfahrungen einer reichen Praxistätigkeit einflossen, in zahlreichen Wochenendkursen, Seminaren und Einführungsveranstaltungen entwickelte Christa Slezak-Schindler eine lebendige Methodik der *Sprachkünstlerischen Therapie,* welche die anthroposophisch geprägte Sprachtherapie maßgeblich beeinflusst hat und heute eine eigenständige Richtung bildet. Ende Dezember 1999 erfolgte die Trennung von der *Freien Studienstätte.*

6 *Der Marie Steiner Verlag: eine Initiative*, in: *Gedenkblatt für Marie Steiner*, Marie Steiner Verlag, Bad Liebenzell 2004
7 Otto Ph. Sponsel-Slezak in: Friedrich Benesch: *Schöpfungswort – Menschensprache – Zukunftswort, Verlust und Wiedergewinnung des lebendigen Sprachquells*. Marie Steiner Verlag, Bad Liebenzell 2004
8 Rudolf Steiner: *Das Lukas-Evangelium* (GA 114), Sechster Vortrag, Basel, 20. September 1909, Rudolf Steiner Verlag, Dornach/Schweiz 1977
9 «Tinosch Ganjineh erzählt von einem Land voller Taxen. Der Forscher der Freien Universität Berlin hält ein Zukunftsszenario für denkbar, in dem der Individualverkehr in Deutschland der Vergangenheit angehört: Privatwagen würde es keine mehr geben, stattdessen nur noch eine öffentliche Fahrzeugflotte, die jederzeit für jeden verfügbar ist. Und mehr noch: Ganjinehs Taxen von morgen kommen ohne Fahrer aus. Sie beschleunigen, bremsen und lenken wie von Geisterhand.» (*Die Taxis von morgen kommen ohne Fahrer aus*, 19. Dezember 2010, dpa/oc, welt online)
10 Lothar Vogel: *Der dreigliedrige Mensch. Morphologische Grundlagen einer allgemeinen Menschenkunde*. Philosophisch-Anthroposophischer Verlag am Goetheanum, Dornach/Schweiz 1992
11 Siehe auch: Christa Slezak-Schindler: *Künstlerisches Sprechen im Schulalter. Grundlegendes für Lehrer und Erzieher, die im Sinne der Erziehungskunst Rudolf Steiners arbeiten*. Vorwort zur achten Auflage. Pädagogische Forschungsstelle beim Bund der Freien Waldorfschulen in Zusammenarbeit mit dem Marie Steiner Verlag, Stuttgart 2007
12 «Nach neuesten Erkenntnissen wirkt sich die Ernährung von Neugeborenen auf deren Darmflora aus. So ist die natürliche Zusammensetzung der Muttermilch maßgeblich am Aufbau einer gesunden Darmflora beteiligt. Die Darmflora nimmt eine wichtige Schlüsselrolle im frühen Kindesalter ein. Sie sorgt sowohl für die Entwicklung der Darmfunktion als auch des Immunsystems. Neue Studienergebnisse zu diesem Thema wurden auf dem 43. Pädiatrischen Fortbildungskurs der Gesellschaft für Kinder- und Jugendheilkunde vorgestellt. Sie lassen den Schluss zu, dass die Darmflora der Mutter nicht nur während der Geburt auf das Baby übertragen wird, sondern auch über die Muttermilch und möglicherweise sogar schon intrauterin während der Schwangerschaft. Die Darmflora des neugeborenen Säuglings spiegelt damit zumindest teilweise die bakterielle Zusammensetzung der Muttermilch und der mütterlichen Darmflora wieder.» (*Muttermilch regelt Verdauung*, in: www.babyratgeber.at, 17. Februar 2011)

13 Rudolf Steiner: *Über die astrale Welt und das Devachan* (GA 88), Dritter Vortrag, Berlin, 11. November 1903: *Ursprung und Wesen des Menschen*, Rudolf Steiner Verlag, Dornach/Schweiz 1999
14 Wir sehen das Kind, das seine Hand an den Kehlkopf der Mutter legt, während es an der Brust der Mutter liegt.
15 Brückentechnologie ist eine Metapher, die bestimmte Technologien, die nur für eine Übergangszeit genutzt werden sollen, als Brücke zwischen der bisherigen und der künftig erhofften oder erwarteten Technik beschreibt.
16 Rudolf Steiner: *Mein Lebensgang* (GA 28), Kapitel XXVIII, Verlag Emil Weises Buchhandlung (Karl Eymann), Dresden 1939; siehe auch: *Beiträge zur Rudolf Steiner Gesamtausgabe*, Nr. 111, Michaeli 1993, *«Wissen ist Macht – Macht ist Wissen», Rudolf Steiner als Lehrer an der Arbeiterbildungsschule in Berlin und Spandau 1899 – 1904*, Rudolf Steiner Nachlassverwaltung, Dornach/Schweiz 1993
17 «Man soll durchaus nicht glauben, dass man das, was ich Redeturnen nennen möchte, nur an für den Verstand sinnvollen Sätzen üben kann oder auch nur üben soll. Denn an den für den Verstand sinnvollen Sätzen überwiegt zunächst unbewusst-instinktiv zu stark die Aufmerksamkeit für den Sinn, als dass wir richtig rechneten mit dem Lauten, mit dem Sagen. Und es ist schon notwendig, dass wir, wenn wir reden wollen, auch darauf Rücksicht nehmen, dass wir das Reden in einem gewissen Sinne losbringen von uns selber, wirklich losbringen von uns selber. Geradeso wie man die Schrift losbringen kann von sich selber, so kann man ja auch das Reden losbringen von sich selber.» (Rudolf Steiner: *Anthroposophie, soziale Dreigliederung und Redekunst* (GA 339), Fünfter Vortrag, Dornach, 15. Oktober 1921, Rudolf Steiner Verlag, Dornach/Schweiz, 1971)
18 Rudolf Steiner: *Anthroposophie, Psychosophie, Pneumatosophie* (GA 115), Vierter Vortrag, Berlin, 4. November 1910, Verlag der Rudolf Steiner-Nachlassverwaltung, Dornach/Schweiz 1965; siehe auch: Christa Slezak-Schindler: *Gedächtniskraft und Sprache, Wirkungen der Sprachkünstlerischen Therapie*, Marie Steiner Verlag, Bad Liebenzell 2001
19 siehe: Rudolf Steiner: *Mein Lebensgang* (GA 28), Kapitel XXX, Verlag Emil Weises Buchhandlung (Karl Eymann), Dresden 1939
20 Die Comédie-Française (auch Théâtre-Français) ist eines von fünf Theatern in Frankreich, die den Status eines Nationaltheaters (Théâtre national) innehaben. Die Comédie-Francaise unterhält als einziges dieser Nationaltheater ein festes Ensemble (la Troupe de la

Comédie-Française). Das Haus der Comédie-Française befindet sich im 1. Pariser Arrondissement, dem Arrondissement du Louvre.
21 Ausnahme: Hella Wiesberger und Julius Zoll besorgten 2002 die Herausgabe der 2., neu durchgesehenen und erweiterten Auflage von: Rudolf Steiner, Marie Steiner-von Sivers: *Briefwechsel und Dokumente 1901 – 1925. Neu herausgegeben zur hundertjährigen Wiederkehr der Begründung der anthroposophischen Bewegung 1902 – 2002.* Hier findet sich der Eintrag: Rudolf Steiner, Marie Steiner-von Sivers: Begründer und zentrale Träger der anthroposophischen Bewegung.
22 Helena Petrovna Blavatsky (*12. August 1831, † 8. Mai 1891) war eine Okkultistin und Schriftstellerin deutsch-russischer Herkunft. Sie gilt als die wichtigste Begründerin der modernen oder anglo-indischen Theosophie und wurde vor allem als Autorin der Bücher *Isis entschleiert* (1877) und *Die Geheimlehre* (1888) bekannt.
23 Rudolf Steiner, Marie Steiner-von Sivers: *Die Kunst der Rezitation und Deklamation* (GA 281), Edwin Froböse: *Nachwort zur zweiten Auflage*, Verlag der Rudolf Steiner-Nachlassverwaltung, Dornach/Schweiz 1967
24 Rudolf Steiner, Marie Steiner-von Sivers: *Die Kunst der Rezitation und Deklamation* (GA 281), Edwin Froböse: *Nachwort zur zweiten Auflage*. Verlag der Rudolf Steiner-Nachlassverwaltung, Dornach/Schweiz 1967
25 Rudolf Steiner: *Die Erziehung des Kindes vom Gesichtspunkt der Geisteswissenschaft*, Verlag Freies Geistesleben, Stuttgart 1948
26 Rudolf Steiner, Marie Steiner-von Sivers: *Die Kunst der Rezitation und Deklamation* (GA 281), Edwin Froböse: *Nachwort zur zweiten Auflage*, Verlag der Rudolf Steiner-Nachlassverwaltung, Dornach/Schweiz 1967
27 Rudolf Steiner: *Ansprachen zu den Weihnachtsspielen aus altem Volkstum, gehalten in Dornach 1915 bis 1924* (GA 274), Rudolf Steiner Verlag, Dornach/Schweiz 1974
28 Rudolf Steiner, Marie Steiner-von Sivers: *Die Kunst der Rezitation und Deklamation* (GA 281), Edwin Froböse: *Nachwort zur zweiten Auflage*, Verlag der Rudolf Steiner-Nachlassverwaltung, Dornach/Schweiz 1967
29 Rudolf Steiner: *Geistige Zusammenhänge in der Gestaltung des menschlichen Organismus* (GA 218), Vortrag, Stuttgart, 4. Dezember 1922: *Beziehung des Erdenlebens des Menschen zum Leben zwischen Tod und neuer Geburt*, Rudolf Steiner Verlag, Dornach/Schweiz 1976; Audio-CD: Rudolf Steiner: *Die Beziehung des Erdenlebens des Menschen zum Leben zwischen Tod und neuer Geburt. Erinnerung und Liebe. Die Erfassung des*

Künstlerischen in seiner Geistigkeit. Enthüllung des Ton- und Lautgeheimnisses. Ein Vortrag, gelesen von Christa Slezak-Schindler, Marie Steiner Verlag, Bad Liebenzell 2011
30 Rudolf Steiner: *Das Künstlerische in seiner Weltmission* (GA 276), Fünfter Vortrag, Dornach, 8. Juni 1923, Rudolf Steiner Verlag, Dornach/Schweiz 1982
31 Rudolf Steiner: *Das Künstlerische in seiner Weltmission* (GA 276), Dritter Vortrag, Dornach, 2. Juni 1923, Rudolf Steiner Verlag, Dornach/Schweiz 1982
32 Rudolf Steiner: *Johanni-Stimmung. Der geschärfte Johanniblick*. Vortrag und Ansprache, gehalten in Dornach am 24. Juni 1923: *Einleitende Worte zur Eurythmie-Aufführung am Goetheanum*, Verlag der Rudolf Steiner-Nachlassverwaltung, Dornach/Schweiz 1959
33 Rudolf Steiner: *Die Geisteswissenschaft und die Sprache*, Vortrag, Berlin, 20. Januar 1910, Philosophisch-Anthroposophischer Verlag am Goetheanum, Dornach/Schweiz 1938
34 Rudolf Steiner: *Anthroposophischer Seelenkalender*, Rudolf Steiner Verlag, Dornach/Schweiz, Ausgabe 1987
35 Rudolf Steiner: *Technik und Kunst. Ihr Zusammenhang mit dem Kulturleben der Gegenwart. Die Sprache*, Vortrag, Dornach, 28. Dezember 1914, Philosophisch-Anthroposophischer Verlag am Goetheanum, Dornach/Schweiz 1935
36 Rudolf Steiner: *Technik und Kunst. Ihr Zusammenhang mit dem Kulturleben der Gegenwart. Die Sprache*, Vortrag, Dornach, 28. Dezember 1914, Philosophisch-Anthroposophischer Verlag am Goetheanum, Dornach/Schweiz 1935
37 Rudolf Steiner: *Der verlorene Einklang zwischen Sprechen und Denken. Die Zerklüftung der Menschengruppen nach Sprachen*, Vortrag, Dornach, 18. Juli 1915, Philosophisch-Anthroposophischer Verlag am Goetheanum, Dornach/Schweiz; Rudolf Steiner: *Kunst- und Lebensfragen im Lichte der Geisteswissenschaft* (GA 162), Siebenter Vortrag, Dornach, 18. Juli 1915, Rudolf Steiner Verlag, Dornach/Schweiz 1985
38 Rudolf Steiner: *Wahrspruchworte* (GA 40), Rudolf Steiner Verlag, Dornach/Schweiz 1998
39 Rudolf Steiner: *Kunst im Lichte der Mysterienweisheit* (GA 275), Rudolf Steiner Verlag, Dornach/Schweiz 1990
40 Rudolf Steiner: *Wie wirkt man für den Impuls der Dreigliederung des sozialen Organismus?* (GA 338), Rudolf Steiner Verlag, Dornach/Schweiz 1986; *Anthroposophie, soziale Dreigliederung und Redekunst* (GA 339), Rudolf Steiner Verlag, Dornach/Schweiz 1984

41 Rudolf Steiner: *Erziehungskunst. Seminarbesprechungen und Lehrplanvorträge* (GA 295), Verlag der Rudolf Steiner-Nachlassverwaltung, Dornach/Schweiz 1969
42 Rudolf Steiner: *Erziehung und Unterricht aus Menschenerkenntnis* (GA 302a), *Anregungen zur innerlichen Durchdringung des Lehr- und Erzieherberufes,* Erster Vortrag, Stuttgart, 15. Oktober 1923: *Gymnast, Rhetor, Doktor und ihre lebendige Synthese,* Rudolf Steiner Verlag, Dornach/Schweiz 1972
43 Rudolf Steiner, Marie Steiner-von Sivers: *Die Kunst der Rezitation und Deklamation* (GA 281), Philosophisch-Anthroposophischer Verlag am Goetheanum, Dornach/Schweiz 1928
44 Rudolf Steiner: *Kunst und Anthroposophie. Der Goetheanum-Impuls. Sommerkurs* (GA 77b), Zweiter Vortrag, Dornach, 23. August 1921: *Anthroposophie und Kunst,* Verlag der Rudolf Steiner-Nachlassverwaltung, Dornach/Schweiz 1996
45 Rudolf Steiner, Marie Steiner-von Sivers: *Methodik und Wesen der Sprachgestaltung* (GA 280), Rudolf Steiner: *Kursus über künstlerische Sprachgestaltung 1922,* I. Teil, Nachschrift von Marie Steiner. Im Selbstverlag der Rudolf Steiner-Nachlassverwaltung, Dornach 1955
46 Rudolf Steiner: *Die Erfassung des Künstlerischen in seiner Geistigkeit. Enthüllung des Ton- und Lautgeheimnisses,* Philosophisch-Anthroposophischer Verlag am Goetheanum, Dornach/Schweiz 1936; Rudolf Steiner: *Geistige Zusammenhänge in der Gestaltung des menschlichen Organismus* (GA 218), Vortrag, Stuttgart, 4. Dezember 1922, Rudolf Steiner Verlag, Dornach/Schweiz 1976; Audio-CD: Rudolf Steiner: *Die Beziehung des Erdenlebens des Menschen zum Leben zwischen Tod und neuer Geburt. Erinnerung und Liebe. Die Erfassung des Künstlerischen in seiner Geistigkeit. Enthüllung des Ton- und Lautgeheimnisses.* Ein Vortrag, gelesen von Christa Slezak-Schindler, Marie Steiner Verlag, Bad Liebenzell 2011
47 Rudolf Steiner: *Geistige Zusammenhänge in der Gestaltung des menschlichen Organismus* (GA 218), Vortrag, Stuttgart, 9. Dezember 1922: *Der Mensch und die übersinnlichen Welten. Hören, Sprechen, Singen, Gehen und Denken,* Rudolf Steiner Verlag, Dornach/Schweiz 1976
48 Rudolf Steiner, Marie Steiner-von Sivers: *Die Kunst der Rezitation und Deklamation* (GA 281), Rudolf Steiner: *Silbenlauten und Wortesprechen,* Vortrag, Stuttgart, 29. März 1923: *I. Maß, Zahl und Gewicht des Silbenhaften.* Philosophisch-Anthroposophischer Verlag am Goetheanum, Dornach/Schweiz 1928

49 Rudolf Steiner: *Der individualisierte Logos und die Kunst, aus dem Worte den Geist herauszulösen*, Vortrag, Stuttgart, 2. Mai 1923, Philosophisch-Anthroposophischer Verlag am Goetheanum, Dornach/Schweiz 1938; Audio-CD: Rudolf Steiner: *Der individualisierte Logos und die Kunst, aus dem Worte den Geist, das Wesenhafte, herauszulösen*. Ein Vortrag, gelesen von Christa Slezak-Schindler, Marie Steiner Verlag, Bad Liebenzell 2011
50 Rudolf Steiner: *Das Künstlerische in seiner Weltmission* (GA 276), Rudolf Steiner Verlag, Dornach/Schweiz 1982
51 Rudolf Steiner: *Johanni-Stimmung. Der geschärfte Johanniblick*. Vortrag und Ansprache, gehalten in Dornach am 24. Juni 1923, Verlag der Rudolf Steiner-Nachlassverwaltung, Dornach/Schweiz 1959
52 Rudolf Steiner: *Mysteriengestaltungen* (GA 232), Sechster Vortrag, Dornach, 2. Dezember 1923: *Die Ephesischen Mysterien der Artemis*, Verlag der Rudolf Steiner-Nachlassverwaltung, Dornach/Schweiz 1958
53 Rudolf Steiner, Marie Steiner-von Sivers: *Sprachgestaltung und Dramatische Kunst* (GA 282), ein Vortragszyklus, gehalten in Dornach vom 5. bis 23. September 1924, *Schlusswort* von Rudolf Steiner, Philosophisch-Anthroposophischer Verlag am Goetheanum, Dornach/Schweiz 1941; Christa Slezak-Schindler: *Sprachkunst: Etwas von der zukünftigen Zivilisation Gefordertes. 70 Jahre Dramatischer Kurs*. Verlag am Goetheanum, Dornach/Schweiz 1995
54 Rudolf Steiner, Marie Steiner-von Sivers: *Sprachgestaltung und Dramatische Kunst* (GA 282), ein Vortragszyklus, gehalten in Dornach vom 5. bis 23. September 1924, *Schlusswort* von Rudolf Steiner, Philosophisch-Anthroposophischer Verlag am Goetheanum, Dornach/Schweiz 1941
55 Rudolf Steiner: *Letzte Ansprache*. Ansprache am Vorabend zu Michaeli, eine esoterische Betrachtung, gehalten in Dornach am 28. September 1924, Verlag der Rudolf Steiner-Nachlassverwaltung, Dornach/Schweiz 1951
56 Rudolf Steiner, Marie Steiner-von Sivers: *Die Kunst der Rezitation und Deklamation* (GA 281), Marie Steiner: *Aus dem Sinnlich-Bedeutungsvollen ins Geistig-Bewegte*, Verlag der Rudolf Steiner-Nachlassverwaltung, Dornach/Schweiz 1967
57 *Gedenkblatt für Marie Steiner*, Marie Steiner Verlag, Bad Liebenzell 2004
58 siehe auch: Christa Slezak-Schindler: *Heilkünstlerisches Sprachgestalten*, Marie Steiner Verlag, Bad Liebenzell 2005
59 Rudolf Steiner, Marie Steiner-von Sivers: *Die Kunst der Rezitation und Deklamation* (GA 281), *Der Menschheitsbau. Abschiedsworte von Dr. Rudolf*

Steiner nach Schluss der anthroposophischen Hochschulkurse gehalten am 16. Oktober 1920 im Goetheanum, Dornach. Philosophisch-Anthroposophischer Verlag am Goetheanum, Dornach/Schweiz 1928

60 Rudolf Steiner, Marie Steiner-von Sivers: *Die Kunst der Rezitation und Deklamation* (GA 281), Rudolf Steiner: *Formenempfindung in Dichtung und Rezitation, eine ästhetische Betrachtung,* Darmstadt, 30. Juli 1921, Verlag der Rudolf Steiner-Nachlassverwaltung, Dornach/Schweiz 1967

61 *Aus der Probenarbeit mit Marie Steiner, Aufzeichnungen von Mitgliedern des Schauspiel-Ensembles am Goetheanum,* S. 39, Rudolf Steiner Verlag, Dornach/Schweiz 1978

62 Rudolf Steiner, Marie Steiner-von Sivers: *Sprachgestaltung und Dramatische Kunst* (GA 282), Vierter Vortrag, Dornach, 8. September 1924: *Wege zum Stil in der Sprachgestaltung und in der dramatischen Gestaltung aus dem Sprachorganismus heraus,* Rudolf Steiner Verlag, Dornach/Schweiz 1981

63 Rudolf Steiner, Marie Steiner-von Sivers: *Sprachgestaltung und Dramatische Kunst* (GA 282), Siebzehnter Vortrag, Dornach, 21. September 1924: *Das Durchfühlen des Lautlichen,* Philosophisch-Anthroposophischer Verlag am Goetheanum, Dornach/Schweiz 1941

64 Rudolf Steiner: *Gegenwärtiges Geistesleben und Erziehung* (GA 307), Fünfter Vortrag, Ilkley, 9. August 1923: *Das Selbständigwerden des Willens in der menschlichen Organisation,* Verlag Freies Geistesleben, Stuttgart 1957

65 Wolfgang Schirrmacher: *Von der Stimme hängt viel ab,* Stuttgarter Zeitung, 20. November 1971. In Industrie, Wirtschaft und Werbung sind heute Stimm- und Sprechschulungen, verbunden mit Körpersprache, eine Selbstverständlichkeit.

66 Marianne Garff (*18. April 1903, † 25. Juli 1995), Dichterin, Waldorflehrerin, Märchenerzählerin

67 Marianne Garff: *Es plaudert der Bach,* Gedichte für Kinder, Futurum Verlag 1996

68 «Georg Kugelmann (*12. September 1892, † 7. Juni 1959) setzte sich als Schauspieler und Regisseur für eine Neugestaltung der Schauspielkunst ein und galt neben Gottfried Haaß-Berkow als einer der aktivsten Anreger für Steiners konkrete Ausführungen zur dramatischen Kunst... Bereits im Jahre 1914 hatte er durch Steiners Architektenhausvorträge (GA 52-67) in Berlin die Anthroposophie kennengelernt und war Mitglied der Gesellschaft geworden. Im Jahre 1922 nahm er zusammen mit seiner Frau am Kurs zur künst-

lerischen Behandlung der Sprache in Dornach (GA 280) teil. Zum Schluss lud Steiner Georg und Margarete Kugelmann zur Einstudierung der Mysteriendramen ein, die für Sommer 1923 geplant waren. Der Brand des ersten Goetheanum machte die Pläne jedoch zunichte ... Anschließend an den Kurs konnte Georg Kugelmann mit einer Anzahl von Schauspielern ein eigenes Ensemble, die ‹Neukünstlerischen Bühnenspiele›, zusammenstellen und die gegebenen Anregungen unmittelbar erproben und umsetzen... Während Rudolf Steiner im Sommer 1924 in Koberwitz den ‹Landwirtschaftlichen Kurs› (GA 327) hielt, wurde die Kugelmann-Truppe eingeladen, die ‹Iphigenie› zu geben. In einer Pause während der Aufführung äußerte Marie Steiner begeistert zu Georg Kugelmann: ‹Endlich sehen wir doch einmal aus all den vielen Anregungen, die Dr. Steiner gegeben hat, etwas gemacht.› (Kugelmann, M. in: *Mitteilungen aus der anthroposophischen Arbeit in Deutschland*, 1959, S. 211) Steiner war damals von verschiedenen Seiten gebeten worden, einen Kurs über dramatische Kunst zu halten, doch machte er die Realisierung dieses Plans von der Anwesenheit Georg Kugelmanns und seiner Truppe abhängig. Als Steiner ihn von dem geplanten Kurs erzählte, sagte Kugelmann umgehend für den Herbst 1924 zu.

Kugelmann musste während des Kurses für Sprachgestaltung und dramatische Kunst (GA 282) die ‹Iphigenie› erneut aufführen, zudem wollte Steiner im Frühjahr 1925 die dramatische Arbeit mit ihm und seiner Gruppe fortsetzen. Als der Kurs beendet war, entschlossen sich einige Schauspieler aus der Kugelmann-Gruppe, in Dornach zu bleiben, sie wirkten bei der von Marie Steiner gegründeten Schauspieler-Gruppe ‹Thespiskarren› mit, die den Grundstock des späteren Goetheanum-Ensembles bildete.» (Christane Haid, *Forschungsstelle Kulturimpuls, Biographien Dokumentation*)

69 Rudolf Steiner: *Die Evolution vom Gesichtspunkt des Wahrhaftigen* (GA 132), Dritter Vortrag, Berlin, 14. November 1911: *Der innere Aspekt der Sonnenverkörperung der Erde und der Übergang zur Mondenverkörperung*, Rudolf Steiner Verlag, Dornach/Schweiz 1979

70 Rudolf Steiner, Marie Steiner-von Sivers: *Sprachgestaltung und Dramatische Kunst* (GA 282), Siebzehnter Vortrag, Dornach, 21. September 1924: *Das Durchfühlen des Lautlichen*, Philosophisch-Anthroposophischer Verlag am Goetheanum, Dornach/Schweiz 1941; Max Picard: *Wort und Wortgeräusch*, Marie Steiner Verlag, Bad Liebenzell 2004

71 Rudolf Steiner, Marie Steiner-von Sivers: *Sprachgestaltung und Dramatische Kunst* (GA 282), ein Vortragszyklus, gehalten in Dornach vom

5. bis 23. September 1924, *Schlusswort* von Rudolf Steiner, Philosophisch-Anthroposophischer Verlag am Goetheanum, Dornach/Schweiz 1941
72 Rudolf Steiner: *Von Jesus zu Christus* (GA 131), Zehnter Vortrag, Karlsruhe, 14. Oktober 1911, Rudolf Steiner Verlag, Dornach/Schweiz 1982
73 Sprecherziehung ist die praxisorientierte Seite der Sprechwissenschaft, die sich mit allen Aspekten mündlicher Kommunikation beschäftigt. Sie sieht sich in der Tradition der antiken Rhetorik und unterteilt sich in Sprechbildung, Sprechtherapie, rhetorische Kommunikation, Phonetik und Sprechkunst. Das Ziel der Sprecherziehung ist es, die Rede-, Artikulations- und Gesprächsfähigkeit zu fördern. Dabei wird interdisziplinär mit angrenzenden Fachgebieten wie Germanistik, Linguistik, Medizin, Pädagogik, Phonetik, Psychologie und Soziologie zusammengearbeitet. (wikipedia)
74 Christa Slezak-Schindler: *Was ist Sprachkünstlerische Therapie?*, Verlag am Goetheanum, Dornach/Schweiz 2002
75 Rudolf Steiner: *Die Sendung Michaels* (GA 194), Zweiter Vortrag, Dornach, 22. November 1919, Rudolf Steiner Verlag, Dornach/Schweiz 1983
76 siehe auch: Christa Slezak-Schindler: *Heilkünstlerisches Sprachgestalten,* Marie Steiner Verlag, Bad Liebenzell 2005
77 Rudolf Steiner: *Perspektiven der Menschheitsentwicklung* (GA 204), Achter Vortrag, Dornach, 23. April 1921, Rudolf Steiner Verlag, Dornach/Schweiz 1979
78 Rudolf Steiner: *Geisteswissenschaft und Medizin* (GA 312), Sechzehnter Vortrag, Dornach, 5. April 1920, Verlag der Rudolf Steiner-Nachlassverwaltung, Dornach/Schweiz 1961
79 Rudolf Steiner, Marie Steiner-von Sivers: *Methodik und Wesen der Sprachgestaltung* (GA 280), Rudolf Steiner Verlag, Dornach/Schweiz 1983
80 Rudolf Steiner, Marie Steiner-von Sivers: *Methodik und Wesen der Sprachgestaltung* (GA 280), Rudolf Steiner Verlag, Dornach/Schweiz 1983
81 Rudolf Steiner, Marie Steiner-von Sivers: *Methodik und Wesen der Sprachgestaltung* (GA 280), Rudolf Steiner Verlag, Dornach/Schweiz 1983
82 «Der Querzahn-Molch Axolotl ist ein Regenerationswunder. Abgetrennte Gliedmaße kann er wiederherstellen. Davon könnten auch Menschen profitieren. Wenn ihm ein Bein oder der Schwanz abreißt,

macht das dem Axolotl gar nichts aus: Dem freundlich aussehenden Molch wachsen in kürzester Zeit komplett neue Körperteile nach, ohne dass eine einzige Narbe entsteht. Sogar Defekte an Herz, Gehirn und Wirbelsäule kann er reparieren.» (Christina Sticht: *AXOLOTL, Mysteriöser Wunder-Molch könnte Amputierten helfen,* 12. Februar 2011, dpa/fp)

83 Christa Slezak-Schindler: «*Schwindelnd trägt er dich fort…*» *Der Hexameter-Rhythmus als Grundlage eines neuen künstlerischen Sprachempfindens,* Marie Steiner Verlag, Bad Liebenzell 2011; *Künstlerisches Sprechen im Schulalter. Grundlegendes für Lehrer und Erzieher, die im Sinne der Erziehungskunst Rudolf Steiners arbeiten,* Fünftes Schuljahr, Der Hexameter, Pädagogische Forschungsstelle beim Bund der Freien Waldorfschulen in Zusammenarbeit mit dem Marie Steiner Verlag, Stuttgart 2007

84 Ilona Schubert: *Ergänzende Hinweise zu den Grundelementen der Lauteurythmie,* S. 52, Zbinden Verlag, Basel 1982

85 Rudolf Steiner: *Eine okkulte Physiologie, ein Vortragszyklus, gehalten in Prag vom 20. bis 28. März 1911* (GA 128), Vierter Vortrag, 23. März 1911: *Das innere Weltsystem des Menschen,* Verlag der Rudolf Steiner-Nachlassverwaltung, Dornach/Schweiz 1957

86 Rudolf Steiner: *Das Sonnenmysterium und das Mysterium von Tod und Auferstehung* (GA 211), Vortrag, Dornach, 26. März 1922: *Die Veränderungen im Erleben des Atmungsprozesses in der Geschichte,* Rudolf Steiner Verlag, Dornach/Schweiz 1963; Rudolf Steiner, Marie Steiner-von Sivers: *Sprachgestaltung und Dramatische Kunst* (GA 282), Achtzehnter Vortrag, Dornach, 22. September 1924: *Die Lautgestaltung als Offenbarung der menschlichen Gestalt. Die Atembehandlung,* Rudolf Steiner Verlag, Dornach/Schweiz 1981

87 Rudolf Steiner: *Die geistige Führung des Menschen und der Menschheit* (GA 15), Verlag Emil Weises Buchhandlung (Karl Eymann), Dresden 1940

88 Rudolf Steiner: *Die geistige Führung des Menschen und der Menschheit* (GA 15), Verlag Emil Weises Buchhandlung (Karl Eymann), Dresden 1940; siehe auch: Rudolf Steiner: *Gehen – Sprechen – Denken. Drei Etappen des Erwachens der menschlichen Seele.* Ein Vortrag, gehalten in Prag am 28. April 1923, Rudolf Steiner Verlag, Dornach/Schweiz 1990

WEITERE VERÖFFENTLICHUNGEN
VON CHRISTA SLEZAK-SCHINDLER

«Schwindelnd trägt er dich fort …»
Der Hexameter-Rhythmus als Grundlage eines
neuen künstlerischen Sprachempfindens
Marie Steiner Verlag

Künstlerisches Sprechen im Schulalter.
Grundlegendes für Lehrer und Erzieher,
die im Sinne der Erziehungskunst Rudolf Steiners arbeiten
Pädagogische Forschungsstelle beim Bund der
Freien Waldorfschulen

Heilkünstlerisches Sprachgestalten
Marie Steiner Verlag

Sprachgestaltung in der Oberstufe
Marie Steiner Verlag

Sprachanbahnung – Sprechfreude
Marie Steiner Verlag

Sprüche und Lautspiele als sprachpflegende Helfer
für die Kinder, mit Bildern von Christiane Lesch
Marie Steiner Verlag (erscheint 2011)

Was ist sprachkünstlerische Therapie?
Verlag am Goetheanum

Vom Leben mit dem Wort –
Fünf heilende Wirksamkeiten der Sprache und des Sprechens
Verlag am Goetheanum

Der Schulungsweg der Sprachgestaltung und
praktische Anregungen für die sprachkünstlerische Therapie
Verlag am Goetheanum (erweiterte Neuauflage 2012)

Sprachkunst
«Etwas von der zukünftigen Zivilisation Gefordertes»
70 Jahre Dramatischer Kurs
Verlag am Goetheanum

WEITERE BÜCHER AUS DEM MARIE STEINER VERLAG

Max Picard: *Wort und Wortgeräusch*

Platon: *Ion. Die Kunst, Dichtung zu sprechen*

Gedenkblatt für Marie Steiner
Der Marie Steiner Verlag – eine Initiative

Friedrich Benesch: *Schöpfungswort –*
Menschensprache – Zukunftswort

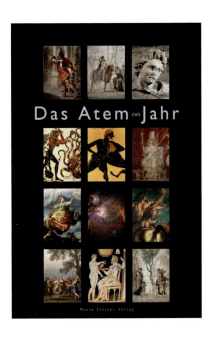

DAS ATEM-JAHR

Ein immerwährender Sprachkalender
mit Abbildungen, Gedichten und Sprachübungen von Rudolf Steiner

Marie Steiner Verlag

SPRÜCHE UND LAUT-SPIELE FÜR KINDER

erfunden und gesprochen von Christa Slezak-Schindler
Audio-CD

Marie Steiner Verlag